Deutsch Sprachtrainer

Schirdewahn

Deutsch Sprachtrainer

Basiswissen leicht

Bibliografische Information der Deutschen Nationalbibliothek:
Die Deutsche Nationalbibliothek verzeichnet diese Publikation in der
Deutschen Nationalbibliografie; detaillierte bibliografische Daten
sind im Internet über http://dnb.dnb.de abrufbar.

Danke für die Unterstützung: Lea Viola Schirdewahn Julia
Schirdewahn Schulz Rolf Schirdewahn Alexander Doellinger Lars
Evert-Advitum.de
Kontakt und Vertrieb: d.schir@gmx.de
Telefon: 04841 871277 mobil:01604071765
Herstellung und Verlag: BoD – Books on Demand, Norderstedt
ISBN: 9783755766971

Ganz herzlichen Dank für die Hilfe von
Lea , Julia und Rolf

5

Inhalt

der die das

1. Worte mit A-E: Fragen

1.  der **A** ....

2. das.**B** ....

3. der **C** ....

4. der **D** ....

5.  die **E** ....

2. Worte mit A-E: Rätsel

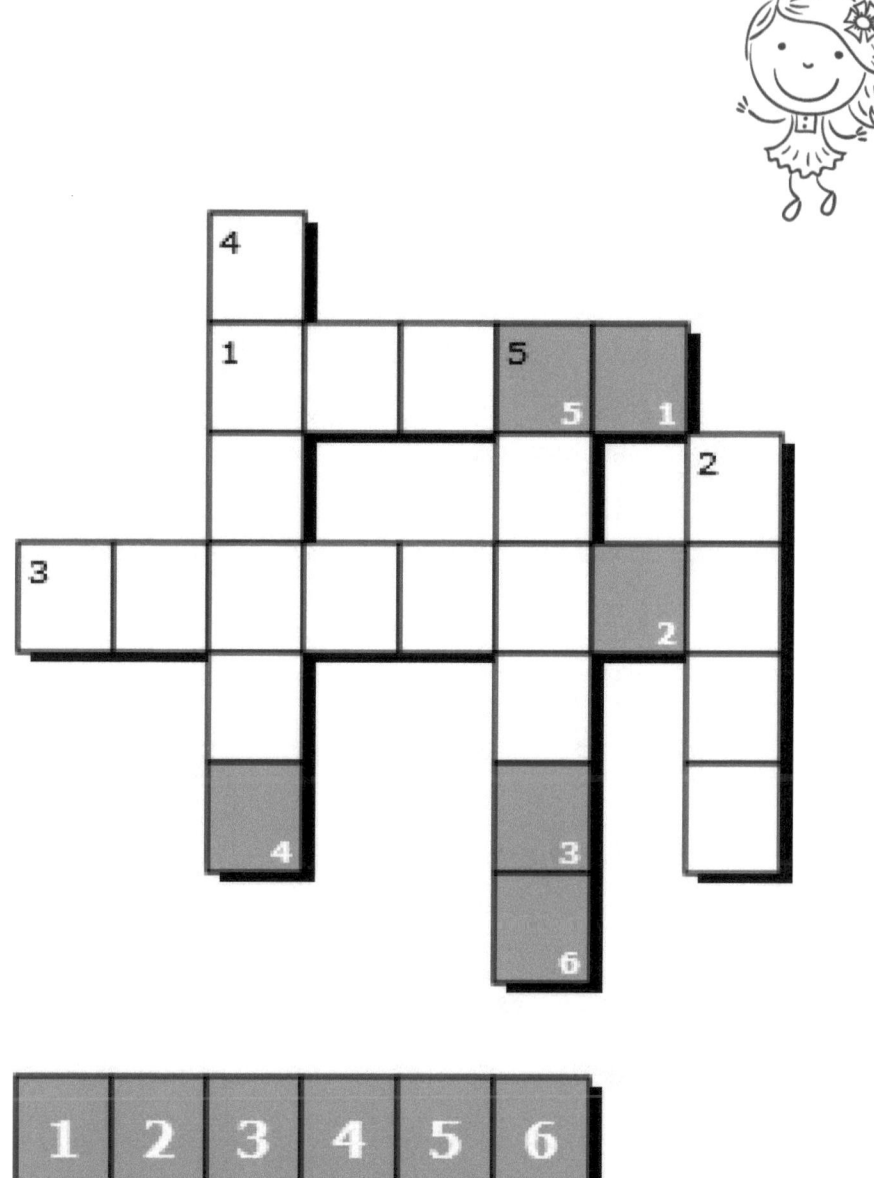

1. das **F**...

2. das **G**...

3. der **H**...

4. das **I**...

5. die **J**...

4. Worte mit F-J: Rätsel

5. Worte mit K-O: Fragen

1. [suitcase] der K..

2. [lamp] die L..

3. [cap] die M..

4. [musical note] die N..

5. [old woman] die O..

6. Worte mit K-O: Rätsel

1. der P ....

2. das Q ....

3. das R ....

4. der S ....

5. das T ....

8. Worte mit P-T: Rätsel

1.  die **U** ....

2. 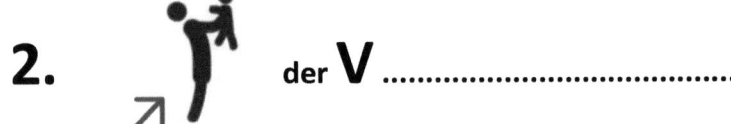 der **V** ....

3.  die **W** ....

4.  das **X** ....

5.  der **Z** ....

10. Worte mit U-Z: Rätsel

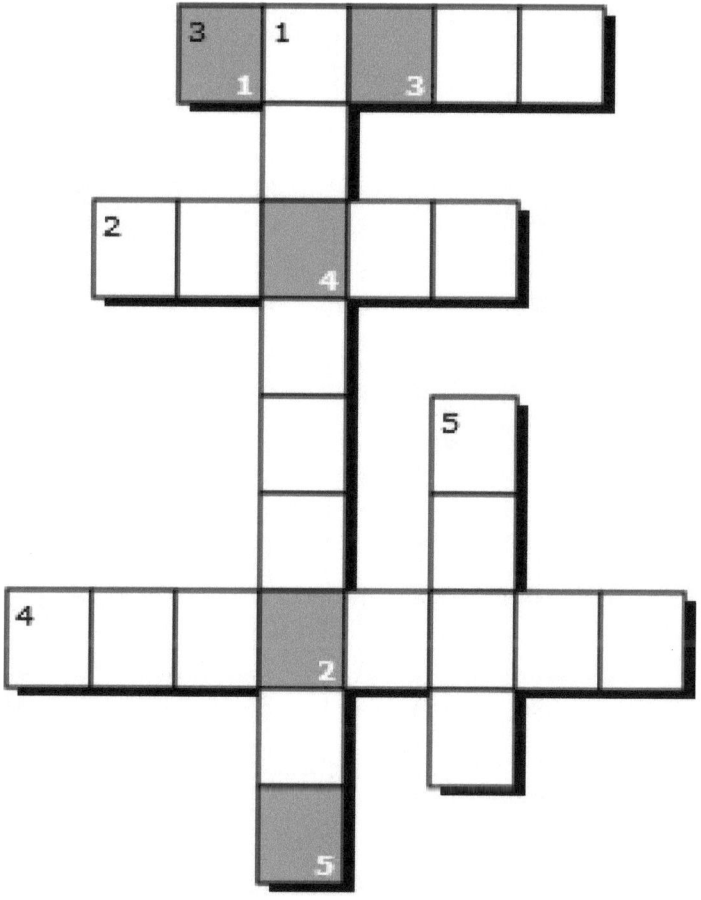

1.　**1** die **E**...

2.　**7** die **S**...

3.　**3** die **D**...

4.　**4** die **V**...

5.　**9** die **N**...

12. Zahlen I: Rätsel

13. Zahlen II: Fragen

1. **6**   die S...

2. **8**   die A...

3. **5**   die F..

4. **2**   die Z...

5. **10**   die Z...

14.Zahlen II: Rätsel

1.  der V...

2.  die M...

3.  der S..

4. die T..

5. das B...

16. Familie I: Rätsel

1. die O ....

2. der O ....

3. die F ....

4. das K ....

5. die M ....

18. Familie II: Rätsel

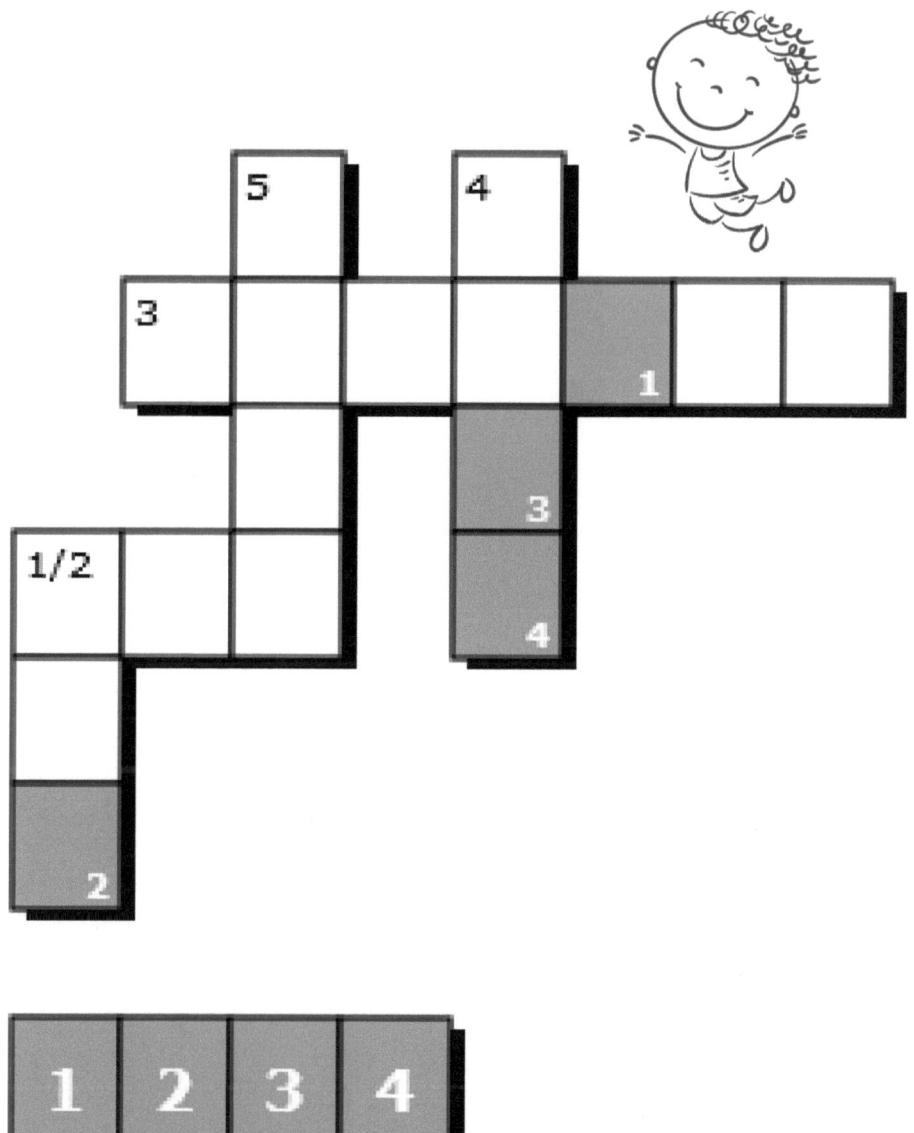

1. die **B** ....

2. die **H** ....

3. die **J** ....

4. die **S** ....

5. die **U** ....

20. Kleidung I: Rätsel

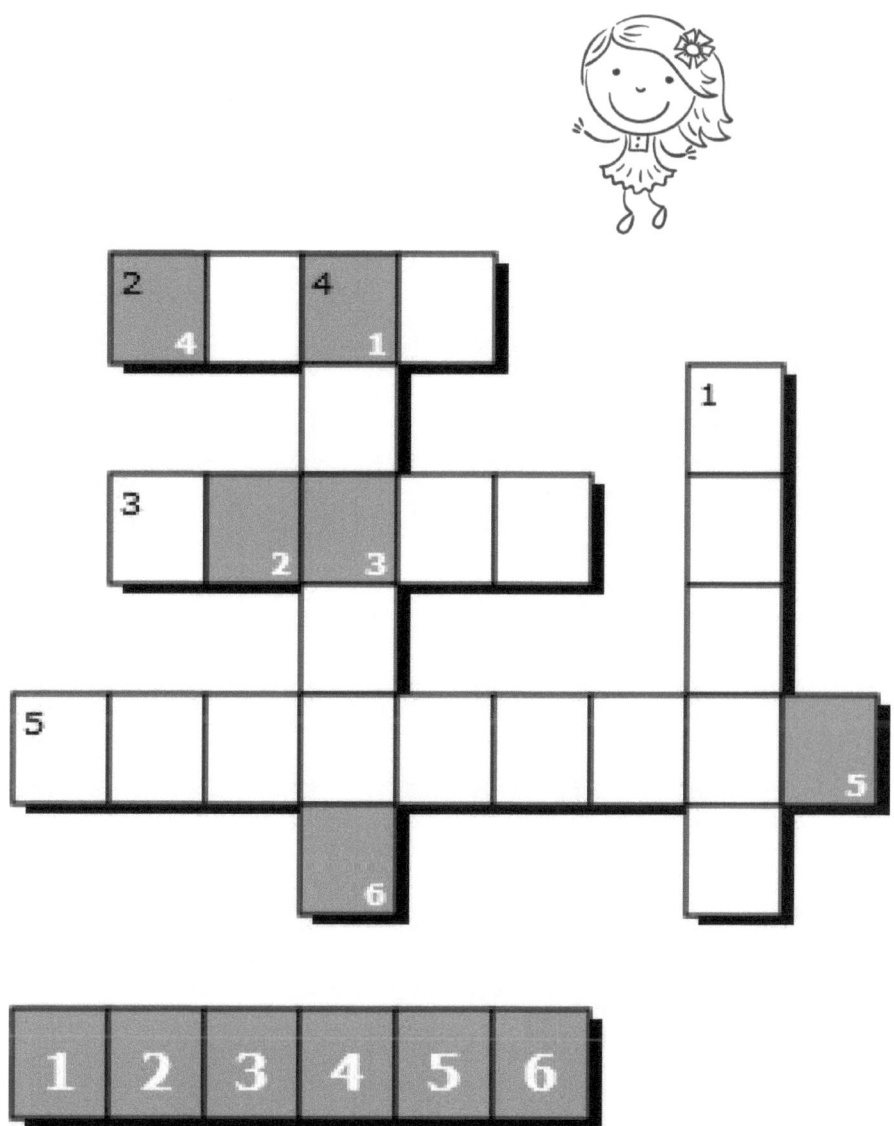

21. Kleidung II: Fragen

1.  der **A**..

.

2.  der **S** ....

3.  der **H** ....

4.  der **R** ....

5.  der **P**......................................

22. Kleidung II: Rätsel

1.  das **K**.................................

2.  das **H**.................................

3. das **L**.................................

4. das **U**.................................

5. das **J**.................................

24. Kleidung III: Rätsel

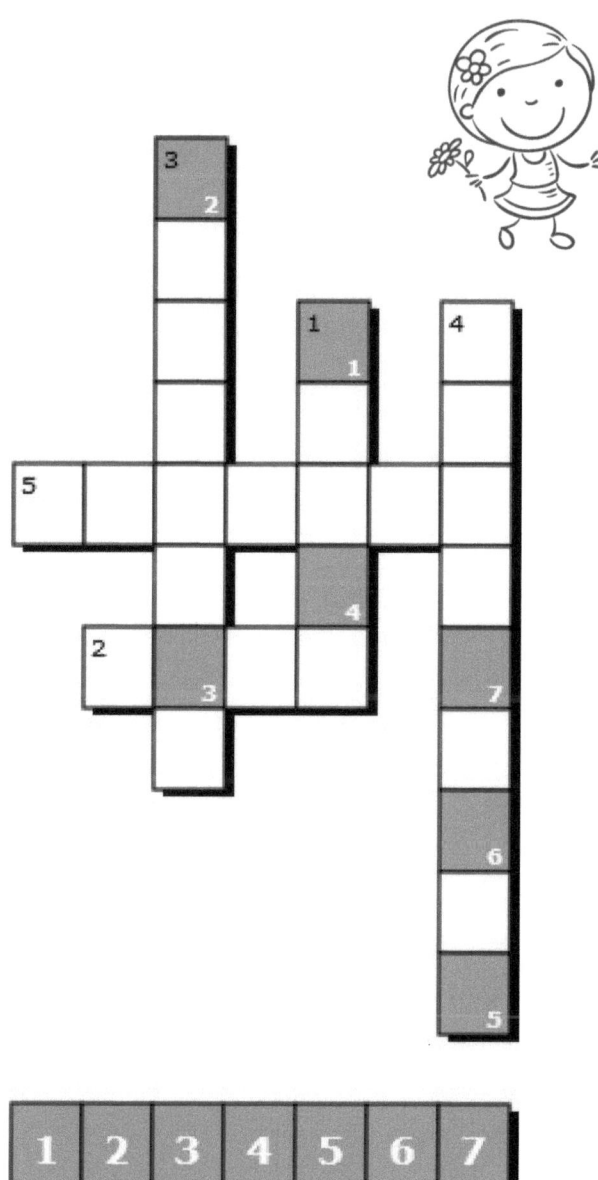

31

1. 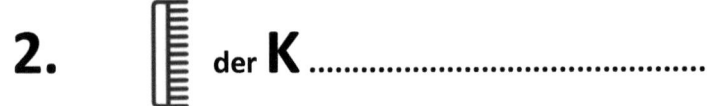 die **Z** ....

2. der **K** ....

3. die **H** ....

4.  die **Z** ....

5. die **D** ....

1.  die S...

2. 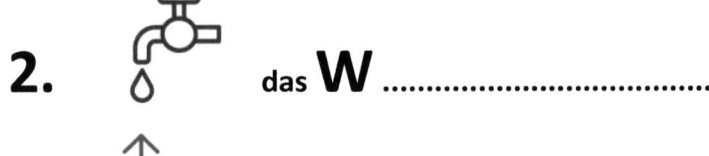 das W...

3.  die B...

4.  der F...

5. 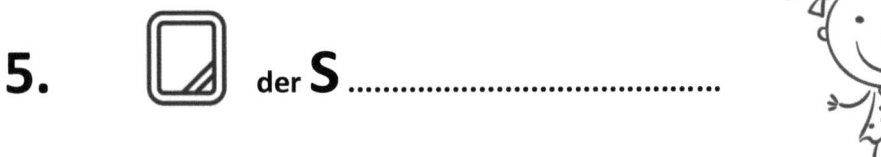 der S...

28. Bad II: Rätsel

29. Verkehr: Fragen

1. der B ....

2. die B ....

3. das S ....

4. das F ....

5. das A ....

30. Verkehr: Rätsel

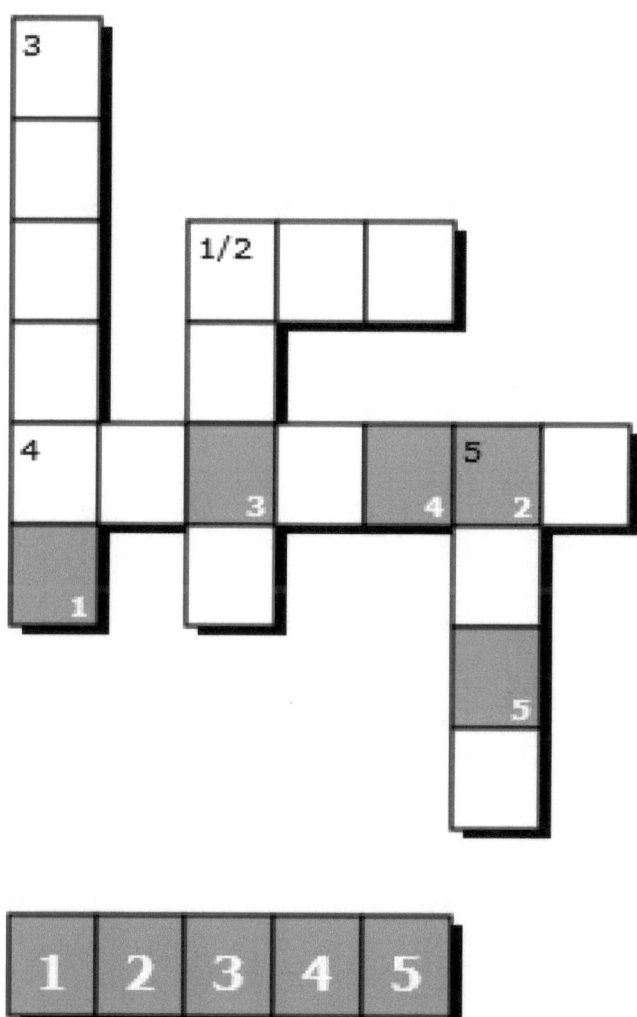

1.

2.

3.

4.

5.

1. die **W** ....

2. die **M** ....

3. die **B** ....

4. die **K** ....

5. die **S** ....

34. Essen II: Rätsel

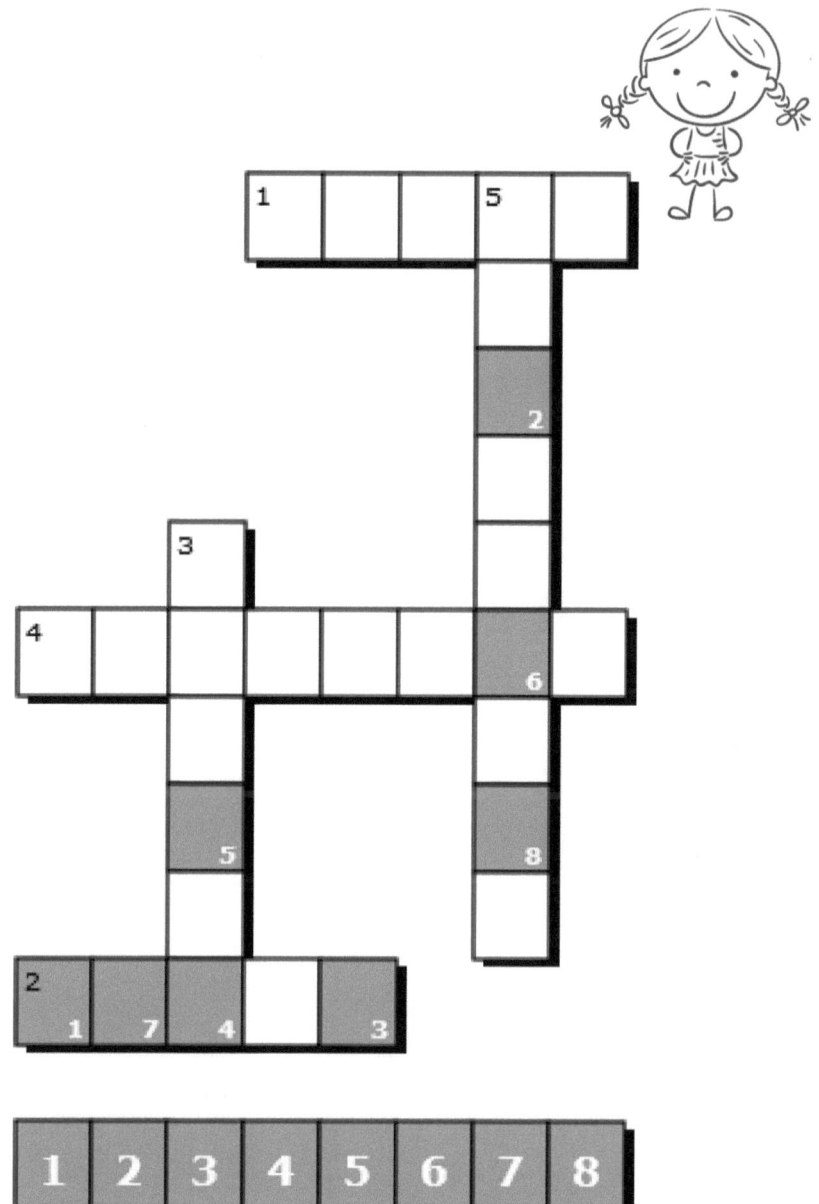

35. Essen III: Fragen

1.  der **A** ....

2. 🧀 der **K** ....

3. 🍔 der **B** ....

4. 🐟 der **F** ....

5. ☕ der **K** ....

36. Essen III: Rätsel

<u>Lösungen:</u>

1. Rätsel Worte mit A-E (Seite 9)

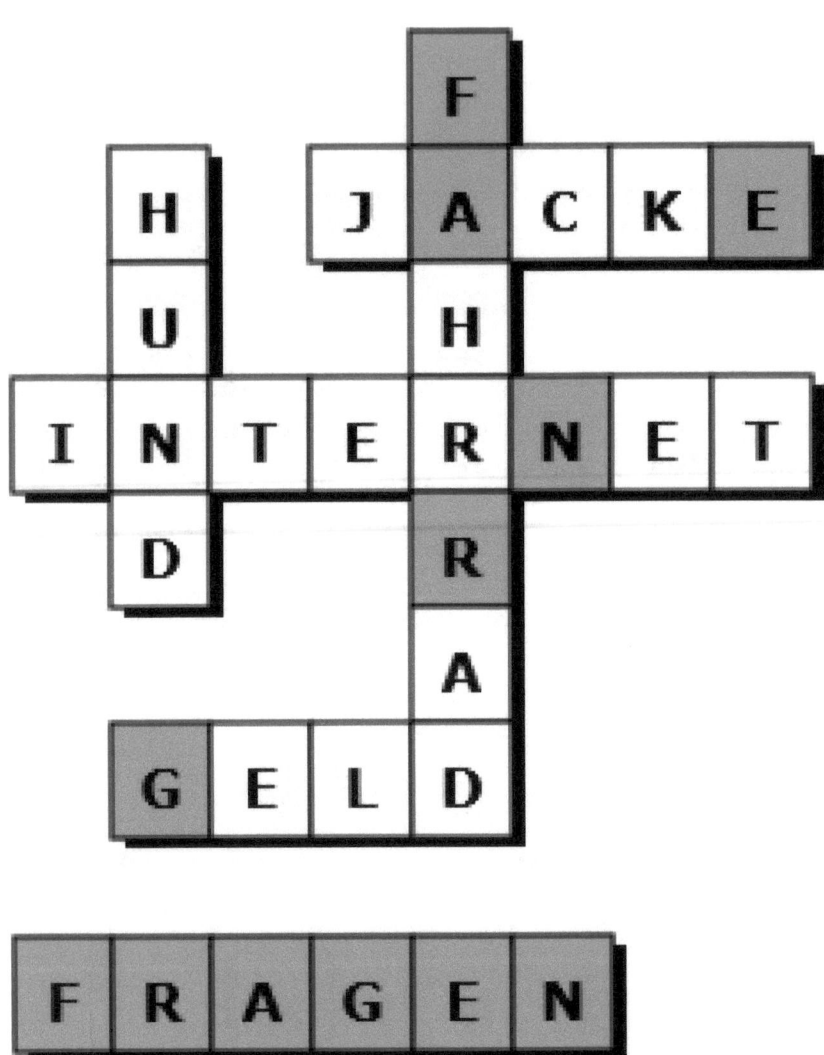

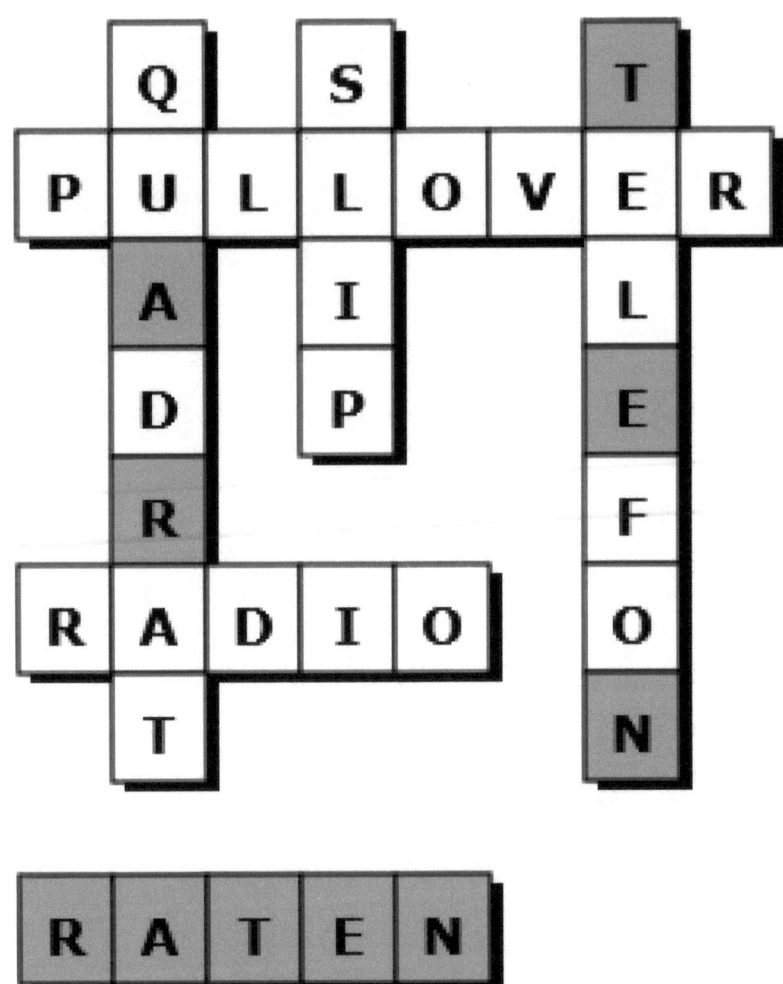

6. Rätsel Zahlen I (Seite 19)

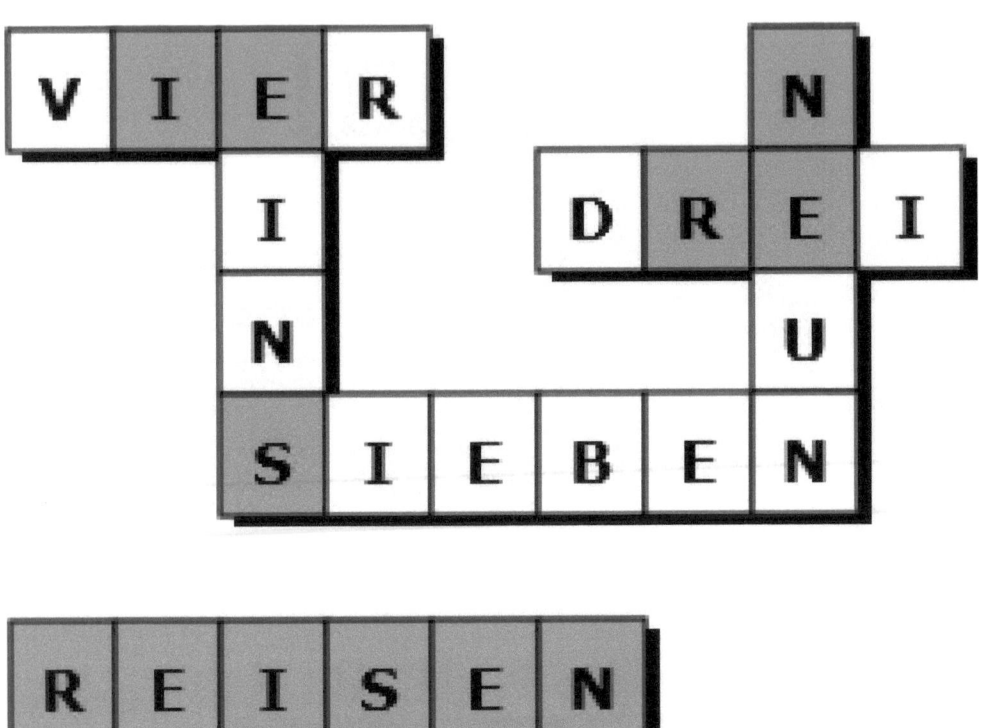

7. Rätsel Zahlen II (Seite 21)

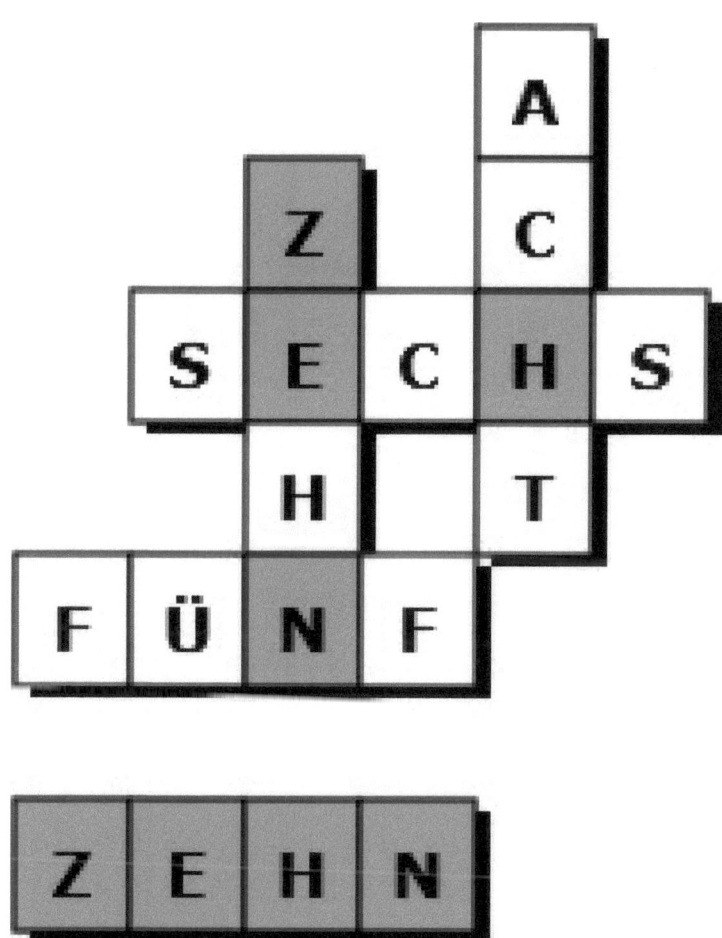

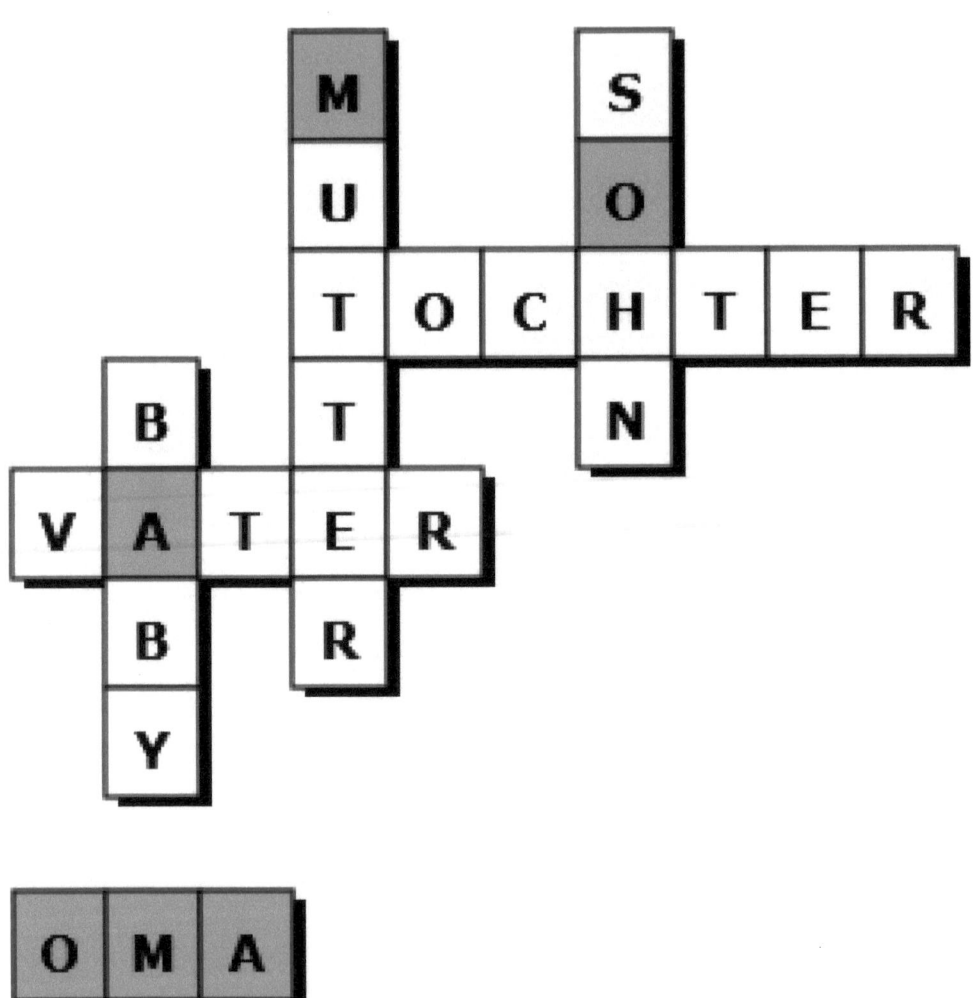

9. Rätsel Familie II (Seite 25)

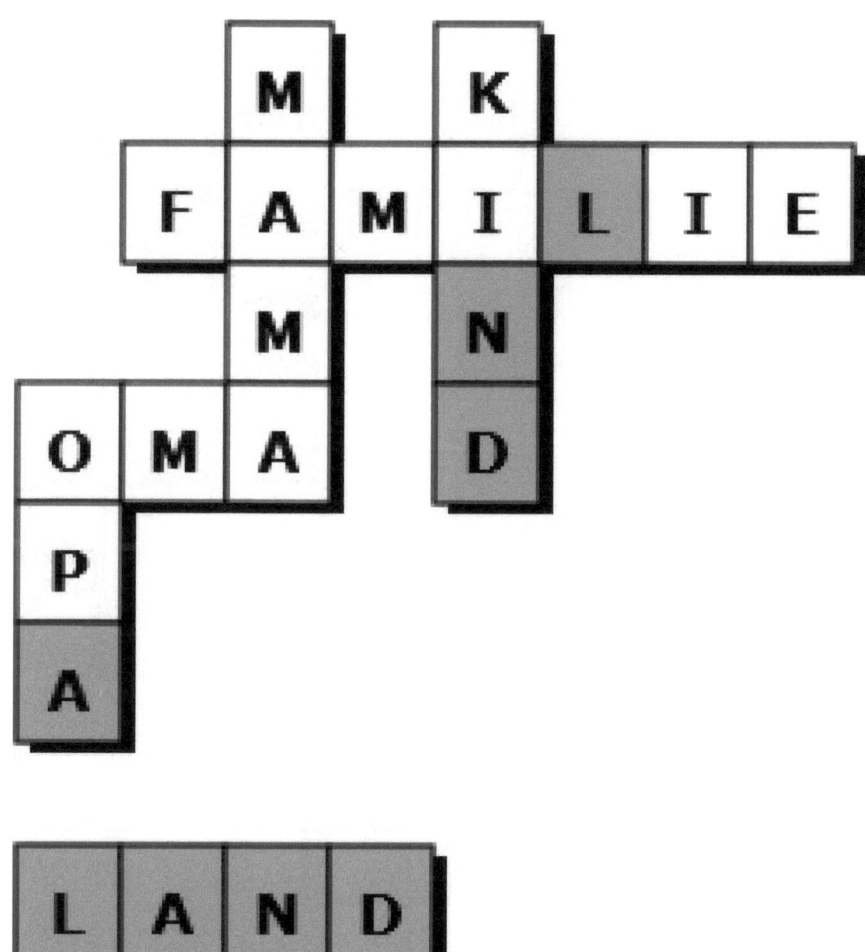

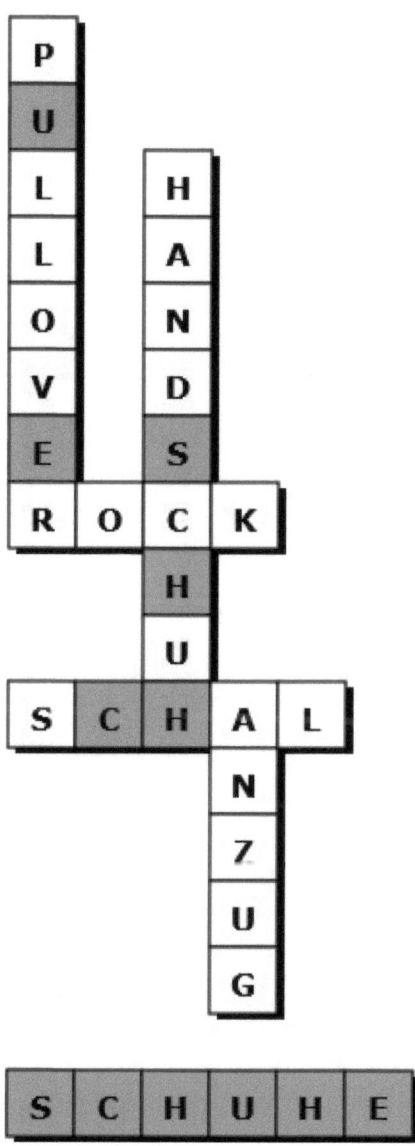

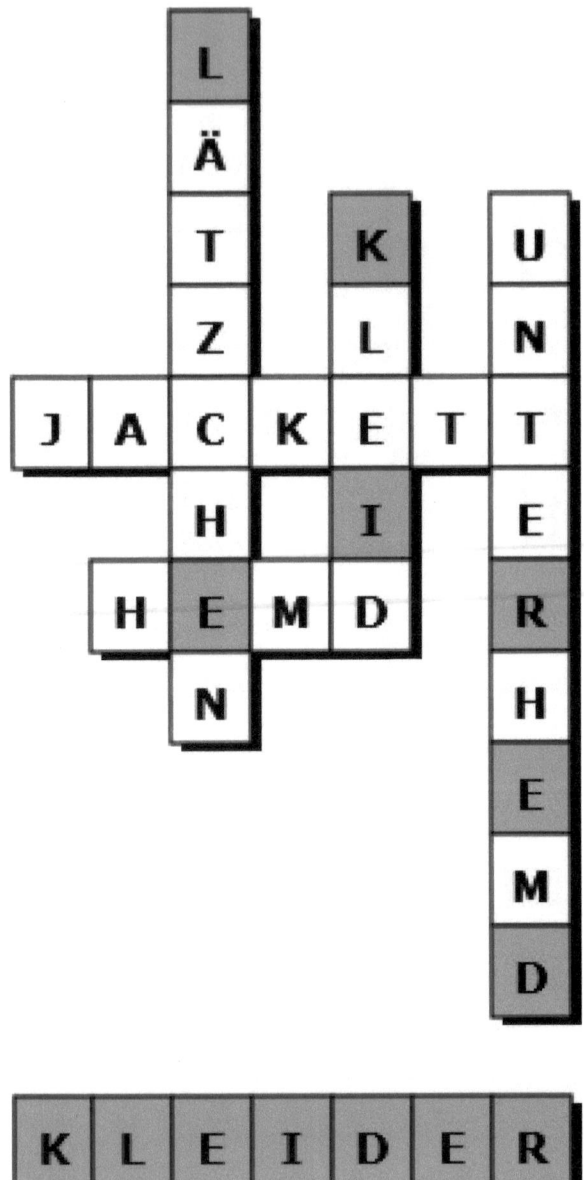

13. Rätsel Bad I (Seite 33)

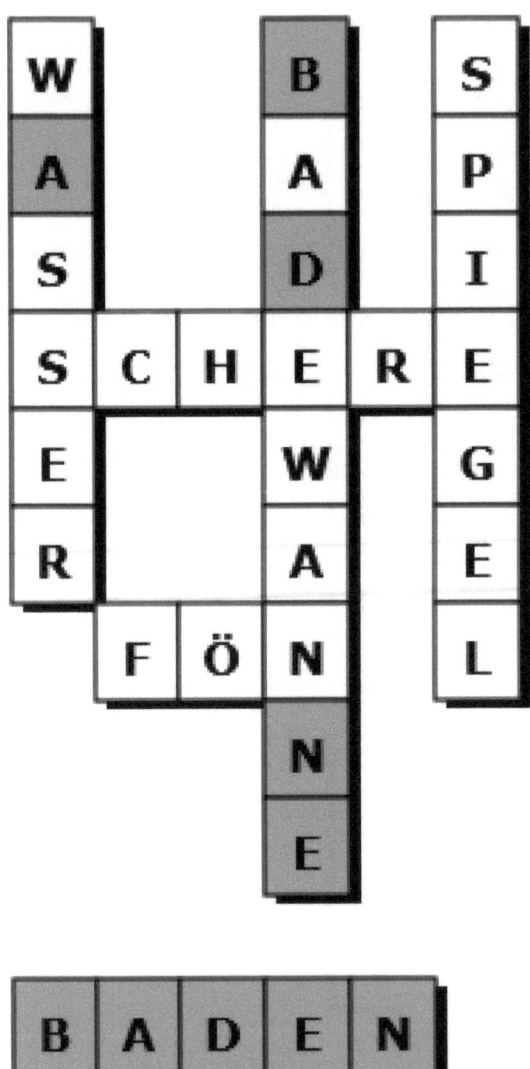

15. Rätsel Verkehr (Seite 37)

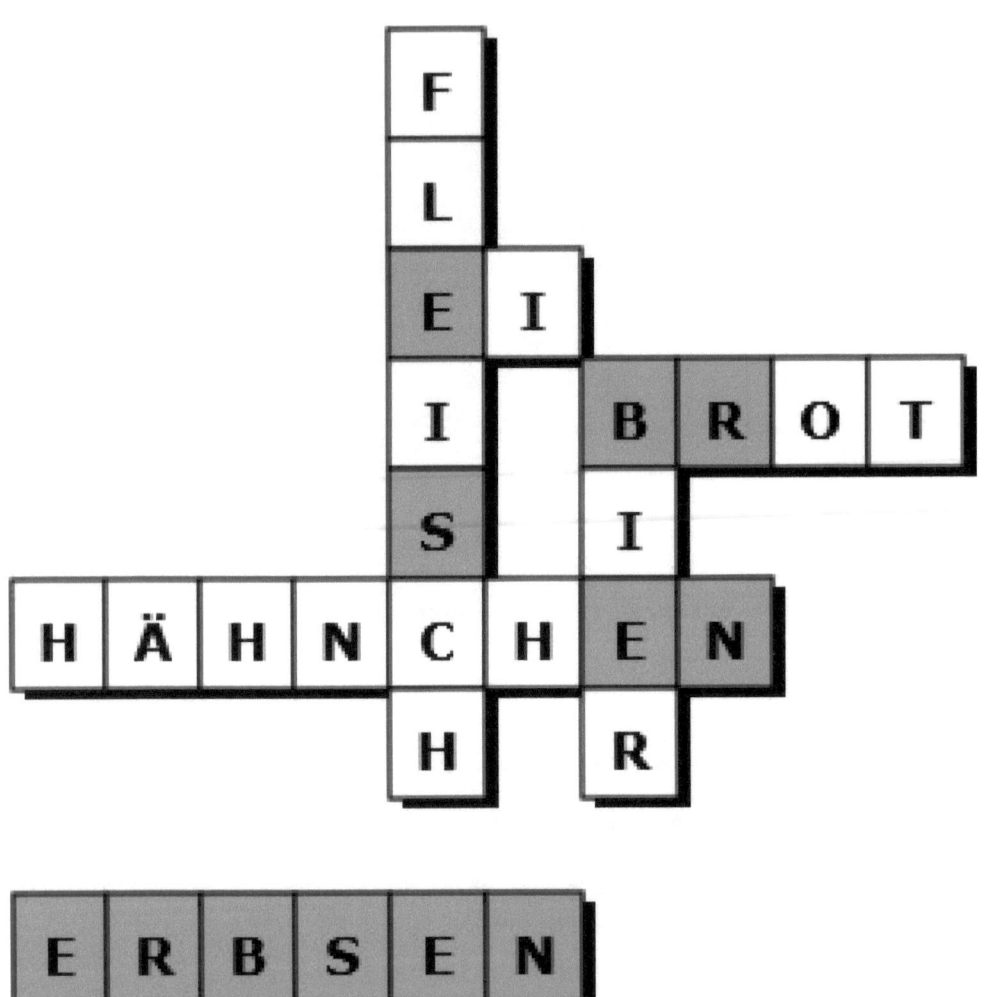

17. Rätsel Essen II (Seite 41)

Index:

Acht

Anzug

Apfel

Auto

Baby

Badewanne

Bahn

Bier

Bluse

Brezel

Brot

Burger ....

Bus ....

Computer ....

Daumen ....

Drei ....

Dusche ....

Ei ....

Eins ....

Eltern ....

Fahrrad ....

Fisch ....

Fleisch ....

Fön ....

Geld ....

Hähnchen ....

Handschuh ....

Hemd ....

Hose ....

Hund ....

Internet ....

Jacke ....

Junge ....

Kaffee ....

Kamm ....

Käse ....

Kirschen ....

Kleid ....

Koffer ....

Lampe ....

Lätzchen ....

Milch ....

Mutter ....

Mütze ....

Neun ....

Noten ....

Oma ....

Opa ....

Pullover ....

Quadrat ....

Radio ....

Rock ....

Schal ....

Schiff ....

Sechs ....

Sieben ....

Slip ....

Socken ....

Sohn ....

Spaghetti ....

Spiegel ....

Telefon ....

Tochter ....

Unterhemd ....

Unterhose ....

Vater ....

Vier ....

Wasser ....

Wurst ....

Zahn ....

Zahnbürste ....

Zahncreme ....

Zehn ....

Zwei ....